地図で見る中東

中東は、中央アジア南部から、アラビア半島、ペルシア湾沿岸、地中海東岸、さらには北アフリカにまたがる地域です。この本では、東はアフガニスタンから西はモロッコ、北はトルコから南はイエメンまでの国々をふくめて紹介しました。

※1 パレスチナを国家とみとめている国もあるが、日本はみとめていない。
※2 自治政府所在地。
※3 イスラエルは首都と主張しているが、日本をふくめ国際的にはみとめられていない。

砂漠と石油と水と都市
中東の地理と産業

Q&Aで知る 中東・イスラーム 4

砂漠と石油と水と都市
中東の地理と産業

監修のことば

同志社大学大学院教授
内藤 正典

　中東とよばれるところは、日本からずっと西です。インドよりも西でアフリカの北あたりまでをさします。どうして、中や東という字をあてているのでしょう。いまから100年ほど前、この地域を支配しようとしたイギリスがミドル・イースト（中の東）とよんだのです。フランスも同じようによんでいました。そのよび名が日本語にそのまま訳されて中東となったのです。

　アラビア半島には、20世紀の世界にとって決定的に重要な資源となる石油がとれることがわかったのもそのころです。石油を支配する者が世界を支配するという時代のはじまりです。イギリスとフランスは、ちょうど100年前、第一次世界大戦のころに、この地域を分割するために線を引きました。そのことは、結果として中東にさまざまな争いごとがおきる原因となります。

　もうひとつ、この地域には神は一人だという一神教がうまれたことも大切です。ユダヤ教、キリスト教、イスラーム（イスラーム教）という3つの宗教は、どれもこの地域からうまれています。

　中東は自然の面からみると、日本とちがって乾燥しています。雨がふるのは海沿いの地域で、それも秋から冬にかぎられているところが多いのです。夏のあいだはほとんど雨がふりません。一年じゅう、ほとんど雨のふらないところは砂漠になります。砂漠でもかぎられた水を利用して、人々は野菜やくだものを育ててきました。日本とは気候のちがう、中東の人々のくらしをみていくことにしましょう。

もくじ

4 「生きていける状態をつくる」
中村哲

1章 中東の自然

7 1章 中東の自然
8 中東ってどこにあるの？
10 なぜ「中東」っていうの？
12 中東ってどんなところ？
14 中東には、なぜ砂漠が多いの？
16 どんな植物が生えているの？
18 どんな動物がすんでいるの？
20 〈もっと知りたい！ 中東〉 大地の動きでできた溝と山脈

2章 中東の水と農業

21 2章 中東の水と農業
22 砂漠では、どうやって水を手に入れるの？
24 海水を飲み水にできるってほんとう？
26 砂漠でも農業はできるの？
28 いまでも遊牧がさかんなの？
30 いまでもラクダが活躍しているの？
32 〈もっと知りたい！ 中東〉 砂漠化する大地を緑地化する

3章 石油から新たな産業へ

33 3章 石油から新たな産業へ
34 中東のどこで石油がとれるの？
36 ペルシア湾周辺には、なぜ油田が集まっているの？
38 日本は、中東から毎年どれくらい石油を輸入しているの？
40 石油は、いつかなくなるってほんとう？
42 中東では、石油採掘や輸出のほかになにがさかんなの？
44 中東では、石油のほかにどんな資源開発をしているの？
46 〈もっと知りたい！ 中東〉 アジアとヨーロッパをむすぶ

47 さくいん
48 おもな参考文献

巻頭インタビュー◎中村哲

生きていける状態をつくる

　1984年、中村哲さんは、医師としてパキスタンのペシャワール・ミッション病院のハンセン病棟に赴任しました。そこの患者さんには、アフガニスタンからの難民が多かったこともあり、パキスタンの隣国であるアフガニスタンへ医療活動を広げていきました。2000年からは、アフガニスタンが大干ばつにおそわれたので、あれた農村や飢えに苦しむ人々を見て、医師でありながら井戸掘りやかんがい用水路工事をつづけてきました。現在、1万6000haの農地がよみがえり、60万人以上の人々が生きていけるようになっています。

用水路完成直後（2009年、上）とその2年半後（2012年、下）のガンベリー砂漠
砂漠に用水路を引いて、土地を耕し、アフガニスタンに農業を復活させた。

通水試験中の中村哲さん
用水路のほかに、モスクや学校の建設にもたずさわっている。

Q. パキスタンのペシャワールでのハンセン病の治療について教えてください。

　一見治療とは関係ないですが、もっとも成果をあげたことのひとつは、病院のなかに靴屋を開いたことです。ハンセン病にかかると痛みを感じなくなるので、足のうらにきずをつくりやすく、そこから菌に感染したり、足のうらに穴があいたりしてしまいます。足を保護するためにもサンダルをはく必要がありますが、ペシャワールの人の多くはこわれた古いサンダルをはいていました。しかし、強い伝統志向があって、外国製のサンダルはなかなかはいてもらえません。

　そこで、現地のものに似せたサンダルをつくりました。じょうぶでやわらかい革をえらび、釘を使わず、足底に接する面にラバー・スポンジをおけば、りっぱなきず予防用のサンダルになります。これが出回ることで、感染症による足の切断手術をとてもへらすことができました。現地の習慣を理解し、その生活のなかで患者をみることを大切にしてきた結果だと思います。

Q. 医師でありながら、井戸掘りや用水路工事を進めることになった理由は何ですか?

　ハンセン病が多いのは、医療設備のないアフガニスタンの山のなかの貧しい村です。わたしたちは国境をこえて、そこに3つの診察所をつくりましたが、2000年に大干ばつがおこり、飢えでたくさんの人がなくなりました。とくに子どもがのどのかわきをがまんしきれずに泥水を飲んでしまい、感染症にかかって命を落とすケースが非常に多かったのです。

　飢えやかわきは薬では治せません。まず、井戸を掘り、飲料水を確保することが必要でした。さらに、飲料水だけ

では人は生きていけませんので、本来豊かな農業国であったアフガニスタン東部の農村をよみがえらせるために、かんがい用水路工事を進めたのです。

Q. 井戸掘り事業をおこなったときの苦労やエピソードを教えてください。

2000年の大干ばつでは、飼育されている家畜の9割が死滅したといわれました。農民たちは、家畜が死ぬ前になんとか売って、そのお金で町の親戚をたよって村を出ていきました。さらに町で食べていけないと知ると、パキスタンやイランに難民として移動するのがふつうでした。わたしたちはのこった村人と協力して、新たに手掘りの井戸を掘ったり、それまであったカレーズ（地下水路）を修理したりしました。井戸は昔からあったものの、あるていど掘ると大きな石の層があり、深く掘ることができませんでした。巨石に穴をあけ、爆薬をつめて粉砕する方法が効果的とわかると、内戦で地中にうめられた地雷の不発弾をみつけては火薬をかきだして利用しました。

日本からやってきたボランティアの青年たちもくわわり、現地の人たちと協力して作業地は次第に広がっていきました。その数は、2006年までに約1600か所に達します。この活動によって、数十の村、三十数万人の村民たちが、村をはなれずに生活できる状態を確保できました。

Q. かんがい用水路工事のほうは順調に進んだのですか？

わたしたちが最初に手がけた全長25.5kmの用水路工事は、2003年から完成まで7年かかる難工事でした。強烈な日ざしと熱風、砂ぼこりがおそいかかり、熱射病でたおれる人も続出しました。2010年2月に用水路が全線開通したとき、500人の作業員、職員のあいだで歓声と拍手がおこり、涙を流す人もいました。

また、総工費約14億円は、すべて日本の支援団体のペシャワール会に寄せられた会費と募金によってまかなわれました。現地事業は、日本側の協力なしには語れません。用水路工事は、現在クナール川の両岸に拡大していますが、この30年の活動は、現地と日本側、双方の良心の結晶だといえます。

Q. 日本の人々にうったえたいことはありますか。

現地での現実と日本でおこなわれている平和に関する議論は、あまりにかけはなれていると感じます。教育も道路をつくることもだいじですが、それ以上に生きていること、生きていくこと、生きていける状態をつくることがだいじです。用水路工事でもたらされた農業用水の安定的な供給は、武力では実現できない農地と農村の復活を実現し、平和のモデルのひとつを提起しました。

アフガニスタンについての情報は、日本ではまだまだ少ないのが現状です。ですから、とにかくまず、その国を知るよう努力していただきたいと思います。

中村哲
1946年福岡県生まれ。医師。PMS（平和医療団・日本）総院長。ペシャワール会現地代表。日本国内の診療所勤務をへて、パキスタンの病院に赴任。アフガニスタンへ活動を広げ、井戸や水利事業にもたずさわる。著書に『医者、用水路を拓く』（2007年／石風社）、『天、共に在り』（2013年／NHK出版）など。

中村哲さんの活動の紹介

ペシャワールの病院の赴任当時のようす
1984年の赴任当時は、医療器具はわずかしかなかったが、募金によって設備を充実させていった。

移動診療のようす
医者のいないアフガニスタン・パキスタンの山岳地帯で診療をおこなうために、ウマに医療器具を乗せてめぐった。

井戸掘りのようす
2000年から井戸の建設をはじめ、2003年からより多くの人々の生活を支えるために用水路建設をはじめた。

この本の使い方

この本では、中東の自然や産業について紹介します。1見開きごとの「Q&A」形式となっていて、写真や絵をそえてくわしく解説しています。

質問 Q タイトルは、質問形式で見開きのテーマを表しています。

答え A 質問に対する答えです。ページ全体でくわしく解説しています。

関連ページ
くわしく解説しているページを表しています。

欄外コラム
ためになる豆知識の紹介、文中に出てくる用語の解説をしています。

豆知識

用語解説

コラム
関連することがらを、よりくわしく解説しています。

●基本的な用語の説明

中東……中央アジア南部から、アラビア半島、北アフリカにまたがる地域のこと。この本の前見返しに地図があります。

イスラーム……7世紀におこった、世界で16億人が信じる大きな宗教。イスラム教、イスラーム教ともよばれる。

ムスリム……イスラームを信じている人々のこと。イスラーム教徒。中東や東南アジアに信者が多い。

メッカ……サウジアラビアにあるイスラーム最大の聖地。ムハンマドがはじめて啓示を受けた。正式にはマッカと発音する。

砂漠……植物がほとんど育たないぐらい、雨が少なく乾燥した場所のこと。砂が多いだけでなく、岩石砂漠などもある。

オアシス……砂漠などの乾燥した土地でも、水がつねに手にはいる場所のこと。自然の川や泉、人工的な水路によってできる。

ラクダ……せなかに大きなこぶをもつ動物。中東にはもともと野生のラクダがいたが、いまはほとんどが人に飼われている。

石油……地下からとれる資源。とれたままのものを原油、とれるところを油田という。ガソリン、プラスチックなどの原料。

再生可能エネルギー……自然界からとりだすエネルギーのこと。太陽光や地熱、風など、数億年後もなくなる心配がない。

> この本では、イスラーム教を「イスラーム」、イスラーム教徒を「ムスリム」と表記しています。

シリーズ「Q&Aで知る中東・イスラーム」全5巻

1 『なにがおきてる？　現代の中東ニュース』

2 『イスラーム誕生から二十世紀まで　中東の歴史』

3 『イスラームの人々・ムスリム　そのくらしと宗教』

4 『砂漠と石油と水と都市　中東の地理と産業』

5 『地図・写真・データで見る　中東の国々』

この巻では、中東の自然や産業についてくわしく紹介していくよ。

三日月先生　その生徒たち

1章 中東の自然

▲アラブ首長国連邦の砂漠にあるリワ・オアシス。ナツメヤシなどを栽培している（→17ページ）。周辺の砂丘を見に観光客もくる。

1章 中東の自然

中東ってどこにあるの？

●日本のはるか西にある中東

中東は、日本のはるか西にある地域です。ヨーロッパの東側にあたり、地中海の東岸から、アラビア半島、ペルシア湾岸、北アフリカにまたがる広い地域が中東とよばれます。そのほぼ中央にあるサウジアラビアの首都リヤドまでは、東京から距離にして約8700km、飛行機に乗っても10時間以上もかかります。

●中東の国々と人々

中東には、東はアフガニスタン付近から、西はモロッコ、北はトルコから南はイエメンまで、多くの国々があります。そのため、くわしく見るとさまざまな気候がありますが、多くの地域は一年の大半が暑くて乾燥した砂漠地帯となっています。

また、中東地域の中心には、キリスト教、仏教とならぶ世界宗教のひとつイスラーム（イスラーム教）の聖地メッカがあります。そのため、中東にくらす人々には、ムスリム（イスラーム教徒→下）が多いのです。

イスタンブルの街並み
アジアとヨーロッパの窓口といわれるトルコの街。15世紀なかばまではビザンツ帝国の首都でコンスタンティノープルともよばれた。

サウジアラビアにあるメッカのカーバ神殿
メッカはイスラームの聖地で、世界じゅうのムスリムはメッカに向かって礼拝する。

ムスリムとは？
イスラーム教徒のこと。「神アッラーにすべてしたがうもの」という意味のアラビア語で、日本ではイスラーム教徒といわれてきたが、信者は自分たちのことをムスリムという。とくに区別するときには、男性を「ムスリム」、女性を「ムスリマ」とよぶ。

中東は、日本のずっと西にあるアラビア半島を中心にした、西アジアや南アジア、北アフリカあたりの地域名だよ。

● 日本と中東とのむすびつき

　中東と日本のあいだでは、中国を通って古くから交易がおこなわれていました。7世紀の後半には、中東から中国まではラクダを使った「オアシスの道」や「草原の道」のほか、船を使った「海の道」などの交易路でむすばれていました（→2巻16ページ）。

　その後、日本国内の戦や鎖国、中国や中東地域でも国がかわる戦などがあり、中東との交易は断たれてしまいました。

　しかし、第二次世界大戦後、日本で石油を大量に使うようになると、サウジアラビアやイラン、クウェートなど中東の国々から石油を輸入するようになったのです。

海上を進む巨大な石油タンカー
巨大な船で、いちどに約3億Lもの大量の原油を積みいれて航行する。

アフガニスタンの首都カーブル
アジアとヨーロッパをむすぶ、交易の中継地として発展した。

石油がないと発電もできないし、車を動かすガソリンもつくれないよ

アラビア半島南のはしにある都市アデン
イエメン第2の都市で、古くからヨーロッパとインドをむすぶ海上交易の中継地として栄えた。

日本と中東の距離
日本から出発した石油タンカーは、マレーシアとインドネシアのあいだのマラッカ海峡を通り、インド洋を横切ってペルシア湾まで約1万2000kmを20日間かけて航行する。そして約5日間で大量の原油を積み、日本へ20日間かけてもどる。

1章 中東の自然

なぜ「中東」っていうの？

近東と極東と中東
かつて、近東はバルカン半島やアナトリア半島（小アジア）など東地中海に接する地域をさし、極東は日本や朝鮮半島、中国などをさしていた。そして中東は、そのあいだにある広い地域をゆるくまとめてさしていた。

なんだかおおざっぱなんだね

●かわっていった中東の範囲

19世紀後半、ヨーロッパの国々、とくにイギリスは、アジア・アフリカなど世界各地に植民地（支配地域）を広げていきました。そのころ、自分の国から近い東の地域を近東（英語でNear East）、はるか遠い東の地域を極東（Far East）、それらの中間を中東（Middle East）とよぶようになりました。

そして20世紀なかばの第二次世界大戦中、イギリスはアメリカとともに、中東という名前がついた基地を、北アフリカにあるエジプトのカイロにつくりました。それからは北アフリカの国々も、中東にふくまれるようになりました。

20世紀はじめの中東

20世紀なかば

北や西へ広がった中東
20世紀はじめまでは、ヨーロッパに近いオスマン帝国（→2巻24ページ）領土内を近東とよび、イランやアフガニスタンなどを中東とよんだ。しかし、20世紀なかばからはトルコや北アフリカの国々をふくめて、中東とよばれるようになった。

日本の外務省のさす中東
外務省には中東アフリカ局という担当の部局があり、北はトルコから南はイエメン、東はアフガニスタンから西はトルコまでを中東にふくめている。しかし、それより南の国々は文化や社会が異なるので、中東にはふくめていない。

A　イギリスから見て、そう遠くない東にある地域だからだよ。でも時代によって、その範囲はかわってきてもいるよ。

●アラビア語を話す国が多い

中東では、古くからペルシア語を話すイラン人やトルコ語を話すトルコ人などの民族が、自分たちの国や王朝をつくってきました。いまでもそれらの民族がまじりあって、それぞれの国をつくっています。しかし7世紀はじめ、アラブ人商人のムハンマドがイスラーム（イスラーム教）を開き、8世紀後半にはアラビア語を話すアラブ人が中東から北アフリカまでを領土とするイスラーム帝国を築き、その後も多くの王朝を開きました。

19世紀まで北アフリカは、中東にふくまれていませんでした。しかし、同じアラビア語を話し、同じイスラームを信じるアラブ人が多く住んでいるので、20世紀なかごろから中東にふくめることが多くなりました。

中東の国々のおもな公用語
アラビア語を公用語とする国が多いが、トルコ語やペルシア語を公用語とする国もある。多民族国家アフガニスタンでは、ペルシア語系の公用語のほかにも、多くの言語が使われている。

インドネシアにあるイスティクラル・モスク
国立のモスクで、東南アジアでも最大級のモスクのひとつ。

国別総人口にしめるムスリムの割合
中東を中心にアフリカ中部や中央アジア、東南アジアなどの発展途上国でムスリムの割合がふえている。

 なぜ東南アジアにムスリムが多いの？
8世紀なかごろからムスリム商人は、東アフリカやインド洋などで活動し、海のシルクロードを通って、東南アジアにも進出した。それとともにイスラームも広まり、13世紀にスマトラ半島、15世紀にはマレー半島にイスラームの国が生まれた。

(11)

1章 中東の自然

中東ってどんなところ？

● 乾燥した気候ときびしい自然

中東北部のトルコからイラン、アフガニスタンにかけて、さらに紅海沿岸にはけわしい山々や高原がつらなっています。それらにとりかこまれるように、アラビア半島や北アフリカには広大な砂漠が広がっています。また、それらの砂漠を北から南へつらぬくように、ティグリス川、ユーフラテス川、ナイル川という大きな川が流れています。

中東の多くは、1年間にふる雨や雪の量が250mm以下の乾燥地帯で、降水量のほとんどない地域は砂漠となります。砂漠というと、砂ばかりの砂砂漠を思いうかべがちですが、そのほかに、岩だらけの岩石砂漠、小石のちらばるれき砂漠、土だらけの土砂漠などもあります。そこには、動物や植物のほとんど見られない、きびしい自然が広がっています。

＊地図のなかの①〜⑤は、写真の砂漠のあるおよその場所。

①サハラ砂漠
アルジェリア南部にあるアハガル山地の岩山のまわりは、温度の大きな変化で岩がくだけてできたれき砂漠だ。

②カッパドキア
トルコ中央部のアナトリア高原にあるけわしい岩山。大昔におこった火山の噴火でできた山が、雨や風でけずられてできた。

③シリア砂漠のワジ
ワジ（枯れ川）は、雨がふったときだけできる川で、ふだんは地下水となることが多い。泉となってわきだし、オアシスができることもある。

砂漠は沙漠とも書く
「さばく」ということばは、「砂漠」のほかに「沙漠」と書くこともあります。砂も沙も漢字は「すな」という意味を表し、漠の漢字は水（氵）が無（莫）いという意味を表す。現在、学校では沙の字を習わないこともあり、おもに砂漠と書かれる。

A 砂漠が広がる高温乾燥地帯で、高原や山地にかこまれ、大きな川は数えるほどしかないよ。

④ルート砂漠
イラン高原中央部にある岩石砂漠。2005年には最高気温70.7℃を記録した。風でけずられた岩山が立ちならぶ。

⑤ルブアルハリ砂漠
アラビア半島南部に広がる砂砂漠。ルブアルハリは、アラビア語で「なにもない土地」という意味。

生き物のいない湖 死海

地中海東沿岸のシリアからイスラエルへ流れるヨルダン川は、最後に死海へとそそぎます。この付近では、1年を通じてほとんど雨がふらず、ふったとしてもすぐ蒸発してしまいます。大地にわずかにふくまれる塩分は、ヨルダン川やその周辺の川の水にとけこみ、死海へ流れこんで蒸発しつづけます。

それが、何十万年ものあいだ蒸発しつづけるうちに、死海の水は海水よりも塩分がずっと濃くなって、生き物はすむことができなくなりました。そのため、この湖は「死海」とよばれるようになりました。

死海の底や岸近くで水が蒸発してできた塩。

「人の体がしずまないよ！」

死海にうかんで新聞を読む人
塩分濃度は約30%で、ふつうの海水の塩分濃度の10倍もある。この濃い塩分のおかげで浮力が大きい。

中東の地中海性気候の地域
中東のなかでも、地中海に面したトルコやレバノン、シリア、イスラエル、カスピ海南岸のイラン北西部は、冬に温暖で雨がふり、夏に乾燥する地中海性気候の地域だ。これらの気候を利用して、くだものの栽培などの農業がさかんにおこなわれている。

13

中東には、なぜ砂漠が多いの？

1章 中東の自然

砂の上のしまもようは「風紋」とよばれるよ

風がつくったサハラ砂漠の砂のもよう

●雨が少ない亜熱帯

赤道近くは、熱帯とよばれ、地球上で日光がいちばん強く当たるところです。日光で海や川、地面などがあたためられて水蒸気ができます。そして水蒸気は、空気といっしょに空高くのぼって、上空で冷やされると雲になり、雨をふらせます。

そのあと、上空で乾燥した冷たい空気は、熱帯ととなりあう亜熱帯へとふき下ります。空気は下がるにつれて地面の熱で熱せられ、かわいた熱い風が地上にふき、砂漠をつくります（右図）。

砂漠をつくる空気の流れ
赤道をはさんで、緯度15～30度あたりの亜熱帯は、かわいた熱い空気がふき、砂漠ができやすい。

●海から遠いと雨が少ない！？

陸地にふる雨の多くは、海で蒸発した水蒸気がもとになってできた雲からふってきます。しかし、海からはなれた内陸には、しめった空気がとどきません。さらに、内陸と海岸近くのあいだに山があると、山の手前で雨がふり、しめった空気はさえぎられて、内陸にはかわいた風だけがふき、砂漠ができやすくなります（左図）。

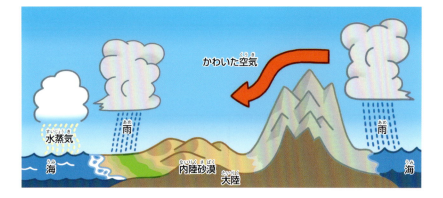

砂漠にふる雪！？
暑くて乾燥した中東地域の砂漠でも、雪がふることがある。最近では、2018年1月にサハラ砂漠やサウジアラビアで積雪が観測された。サハラ砂漠では、過去40年間で3度目の積雪だった。

この地域は、熱くかわいた風がふく亜熱帯地方で、雨が少なく、とても乾燥しているからだよ。

●砂漠をつくる大きな気温の変化

山地にかこまれた砂漠や乾燥地では、太陽の光をさえぎる雲がほとんど見られません。昼のあいだ太陽が地面を熱しつづけるため、その熱で空気があたためられて、最高気温が40℃をこえることもたびたびあります。

砂漠では太陽の熱の90％が地面に吸収されますが、夜には雲がないので地面の熱の90％が上空に逃げてしまいます。そのため、昼の気温が約50℃、夜の気温が0℃になることもあります。こうした1日の気温差が、かたい岩をのびちぢみさせて岩を石に、石を砂にくだき、長い年月をかけて砂漠を広げていきます。

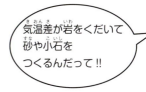

サウジアラビアのリヤドと東京の気候のちがい
砂漠にかこまれたリヤドは、一年じゅう降水量が少なく、気温が高いが、気温差も大きい。東京は一年じゅう雨がふり、リヤドにくらべ気温差が小さい。

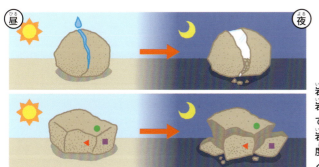

岩は昼夜の温度差が大きいと、岩のひびにはいった水がこおってひびをおしひろげたり（上）、岩の成分（●▲■）のふくらむ度合いのちがいで（下）、岩がくだける。

「気温差が岩をくだいて砂や小石をつくるんだって!!」

●水の力と風の力が砂漠をつくる

大昔に川が流れていた場所では、水のはたらきで岩と岩がぶつかりあって、小石や砂ができます。地球上の気候の変化で大地が乾燥してくると、水をたくわえる木や草が生えなくなって、さらに砂漠化が進みます。

また、気温差によって小石や砂ができると、それらが風にとばされ岩にぶつかって岩をけずり、たがいにこすれあってさらに小さな砂をつくって、砂漠を広げます。

ヨルダンの岩石砂漠とワジ（枯れ川）
岩山が水でけずられて小石やあらい砂となり、乾燥が進んで水がなくなっても、それらが風でこすれあってさらに細かな砂となる。

川の水がけずった岩山
大昔の川のあとには、上流に岩石砂漠、下流に砂砂漠ができる。

緑のサハラ
およそ1万年前、地球は氷河時代のうちでもとくに寒い時期を終え、温暖で湿度の高い時代をむかえた。8000年前ごろには、いまのアフリカのサハラ砂漠のあたりにも、川が流れ、低い木がしげる緑の草原が広がっていた。

どんな植物が生えているの？

1章 中東の自然

●かわいた土地で発芽して育つ植物

砂漠や乾燥した草原にも、さまざまな植物が生えています。砂漠にも、何年かにいちどしか雨がふらないところもあれば、1年で決まった季節にしかふらないところもあります。そうした地域では、雨がふると植物はいっせいに芽を出して花を咲かせ、種をのこして枯れてしまいます。それらを短命植物（→下）といいます。また、葉や枝、茎がかわききっても、地下水をもとめて地中深く根をのばすマメ科の植物や、太い幹や茎、根、厚い葉に水をたくわえる多肉植物など、乾燥地の植物は、さまざまな方法できびしい環境を生きのびているのです。

サハラ砂漠にできた短命植物の花畑
久しぶりの雨のあといっせいに芽を出し、花を咲かせて種をつくると、地上の部分は枯れて種をのこし、つぎの雨を待つ。アラビア半島の砂漠などにも生える。

多肉植物の代表であるサボテンが生えているのは、南北アメリカ大陸だよ

幹や根がふくらんだアデニウム
太い幹や根に水をたくわえる。美しい花をつけるので、「砂漠のバラ」ともよばれる。アラビア半島やその南の海にうかぶソコトラ島に生える。

多肉植物のアロエベラ
厚い葉に水をたくわえる。アラビア半島、北アフリカなどの乾燥地に生える。

多肉植物のユーフォルビア
サボテンに似たとげのような葉と太い茎に水をためる。世界じゅうの乾燥地に生える。

短命植物
種子から芽が出て花が咲き、また種子ができるまでの期間が6～8週間くらいの植物を「短命植物」または「エフェメラル植物」という。日本でも道ばたに生えるシロイヌナズナは、ユーラシア大陸から北アフリカの砂漠原産の短命植物の一種。

A

種や根だけで乾燥した時季をすごしたり、葉や茎に水をためたり、地下深くの水も利用したりする植物が生えているよ。

乾燥地に生えるケジリ
アカシアと同じマメ科の植物で、葉や茎はヤギや羊のえさとなる。地上部分の成長はおそく、根は35mものびることがある。

砂漠や乾燥地に生える植物の根
多肉植物の根は浅く横に広がり、雨水を葉や茎、根などにたくわえる（左）。ケジリやアカシアなど乾燥地に生える木は、根を深くのばして地下水をとりいれる（右）。

●オアシスに生える植物

砂漠などの乾燥地のなかで、川の水を引いたり、地下水がわきだしたりして水に恵まれた場所を「オアシス」といいます。そこでは、昔から日ざしや乾燥に強いくだものや作物が植えられ、オアシスづたいに行き来するラクダの隊商（→30ページ）やオアシスの集落に住む人々のくらしに役立てられてきました。

実や葉や茎を使うナツメヤシ（上・右）
高さ20～30mになる木で、地中深く根をはる。小さいが、あまくてやわらかい実がふさのように数千個もつく。葉はかごや敷物、幹は家の材料になる。

実の中身を食べるザクロ
高さ5mほどになる木で、実は熟すと割れる。種を包む皮に水分が多く、食べるとあまずっぱい。

古代エジプトのスイカ

スイカといえば夏を代表する水分の多いくだものです。野生のスイカは、アフリカ南西部のカラハリ砂漠が原産といわれ、約4000年前には、古代エジプトでも栽培されていました。その後、西アジアや中央アジア、中国などをへて西のほうから日本へ伝わったことから、漢字で「西瓜」と書かれます。中国のほかイランやトルコでは、いまでも栽培がさかんです。

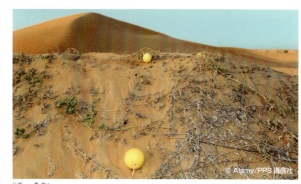

苦い野生のスイカ
実に水分がたくさんたくわえられているが、野生のスイカは苦いので、動物に食べられにくくなっている。

薬となるくだもの？ ザクロ
イラン原産のザクロは、平安時代に中国をへて日本へ伝わった。はじめは食用ではなく、庭などに植えて花や赤く熟して割れる実を見て楽しむために広まった。また根や枝、果実の皮は、お腹にいる寄生虫を追いだす、虫下しの薬としても使われた。

17

1章 中東の自然

どんな動物がすんでいるの？

●乾燥した砂漠にあったくらし

　雨の少ない砂漠には、わずかな植物しか生えていませんが、植物の葉を食べるこん虫や草食動物、さらに草食動物を食べる肉食動物がすんでいます。それらの動物は、種類は多くありませんが、砂漠の高温や少ない水にたえられるくらし方、少ないえものを確実にとる方法を身につけています。

砂のなかで待ちぶせするツノクサリヘビ
北アフリカやアラビア半島の砂漠にすむ。砂にもぐってえものを待ちぶせし、近づいてきたらかみついて毒で動けなくする。また、敵が近づくと、体のうろこをこすりあわせて音を出しておどす。

砂のなかを移動するスナトカゲ
北アフリカからアラビア半島、イランなどの砂漠地帯にすむ。平たくとがった鼻先を使って砂にもぐり、体を左右にくねらせて、砂のなかを泳ぐように移動する。

毒針をもつオブトサソリ
北アフリカやアラビア半島の乾燥地帯にすむ。夜に石や物かげでえものを待ち、尾の先の毒針をさして動けなくして、食べる。ヒトがさされると死ぬこともある。

動物のふんを転がすヒジリタマオシコガネ
タマオシコガネは、北アフリカからアジア北部にかけて見られる。フンコロガシ、スカラベサクレともよばれる。ふんを食べてそこから水分をとる。メスはふんに卵を産み、幼虫はふんを食べて育つ。

砂にもぐると暑さがしのげるんだ

サハラ砂漠

植物を食べつくすサバクトビバッタ

　サバクトビバッタは、砂漠やそのまわりの草原などにすむこん虫です。ふだんは1匹ずつばらばらにくらしていて、はねが短く、体は緑や茶色などまわりになじむ色をしています。しかし、大雨のあとなどにえさとなる草がふえると、はねが長く体の色が黒や黄、オレンジのバッタが大発生して群れをつくり、植物を食べながらとんで移動します。そのため、草や木の葉だけでなく、農作物も食いつくされてしまいます。

サバクトビバッタの異常発生地域（●）、大発生時の侵入地域（●）と、おもな移動方向（→）。

黒っぽいサバクトビバッタ
目立つ色で、ふつうのときにくらべ、長い距離をとびやすいようはねが長い。

砂漠にカタツムリ！？
イスラエルのネゲブ砂漠にはカタツムリがいる。2〜3cmほどの白い殻をもち、この殻で太陽の光と熱を反射して体温が上がらないようにしている。雨がふるときだけ活動して、年間の330〜355日は岩の割れ目や地面の下などで寝てすごす。

砂漠でも植物があれば、それを食べる虫や草食動物、それらを食べる肉食動物もいて、環境にあわせた生活をしているよ。

●砂漠にあった体のつくり

砂漠の気候は、一年じゅう気温が高くて雨が少ないため、そこにすむ生き物たちの体も、はねに水をたくわえて運ぶ鳥や、砂にうもれにくく熱の伝わりにくい足の動物など、高温で乾燥した環境にたえられるようなつくりになっています。

空気で脳を冷やすアラビアオリックス
絶滅が心配される生き物で、アラビア半島にまばらにすむ。水は、植物のなかの水分だけですませる。鼻から空気を出しいれして、脳に行く血管を冷やすので、体温が42℃まで上がってもだいじょうぶ。

毛が白くてすずしそうだね

はねで水を運ぶサケイ
北アフリカやアラビア半島、南西アジアなど広い範囲で見られる。巣から数十kmはなれた水場まで行って水を飲み、ヒナにも飲ませるために腹の羽毛に水をふくませて巣にもどる。

水分の少ない尿をするヒメミユビトビネズミ
サハラ砂漠とアラビア半島の砂漠にすむ。昼に砂のなかの巣で休み、夜に活動する。水を飲まず、植物のなかの水分だけですませ、体のなかから水分をなるべく出さないよう濃い尿をする。

耳から熱を逃がすフェネックギツネ
アルジェリアからアラビア半島にかけての乾燥地帯にすむ。昼に砂のなかの穴ですごし、夜に活動する。体の熱を逃がすため耳が大きい。足のうらにも毛が生えていて、砂漠の熱い砂の上でも歩くことができる。

なんで砂漠をずっと歩いていられるのかな？

水もえさもとらずに移動するヒトコブラクダ
北アフリカ、アラビア半島、アジア南西部にすむ。体長は3.5mもある。背中についたコブには脂肪がはいっていて、その脂肪をエネルギーにかえる。いちどに130Lもの水を飲むことができるため、何日も飲まず食わずで移動できる。

 砂漠に適応したラクダ
ラクダはコブで背中を太陽の熱からさえぎり、体温が上がりすぎないようになっている。また、砂嵐のときでも長いまつげで目を守り、鼻の穴を閉じて砂が体にはいらないようになっていて、平たい足は、砂にしずみにくいため、「砂漠の舟」とよばれている。

もっと知りたい！ 中東

大地の動きでできた溝と山脈

①ヨルダン渓谷

■大地を横にさく断層の溝

アフリカ大陸東部には、「アフリカ大地溝帯」とよばれる幅30〜60kmもある巨大な大地の溝が南北に走っています。これは、マントル（地球内部を流れる岩）の動きによって、大陸が東西に引っぱられてできたもので、周辺では地震や火山活動が活発です。

また、この地溝帯は、北は地中海沿岸のシリアからはじまり、ヨルダン川、紅海を通って、南はアフリカ南東部のモザンビークまで、全長約6400kmにわたってつづいています。死海（→13ページ）も、断層によるくぼみにできた断層湖です。

大地溝帯は広がりつづけていて、1億年後には、大地溝帯の東側はアフリカ大陸と分かれてしまうんだって

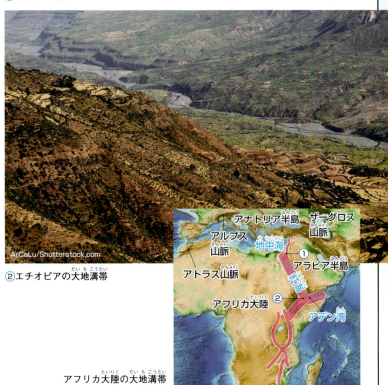
②エチオピアの大地溝帯

アフリカ大陸の大地溝帯（ピンク）と周辺の山脈
© NOAA

■大陸がぶつかってできた山脈

地球表面の大陸や海底のプレート（岩の板）は、マントルの動きに乗ってゆっくりと動きます。約4000万年前、アラビアプレート（半島）は、アフリカ大陸から分かれて、そのあいだに紅海やアデン湾ができました。また、アフリカ大陸とアラビア半島がユーラシアプレート（大陸）とぶつかって大地が曲げられ、アフリカ北西部のアトラス山脈、ヨーロッパのアルプス山脈、イラン南西部のザーグロス山脈などの高い山々ができました（→13ページ）。トルコのあるアナトリア半島のプレートは、バルカン半島のあるユーラシア大陸とアラビア半島にはさまれるように、地中海へとつきだしています。このように、大地が横から力を受けるところでは、地震が多く発生します。

アナトリア半島にかかる力（→）と大きな断層
アナトリア半島は、アラビア半島におされ、ユーラシア大陸におしつけられて、北側と東側に岩ばんが割れてできる大きな断層がある。この断層が動くことで地震がおきる。

トルコ東部地震
2011年10月23日、トルコ東部のイラン国境近くで、マグニチュード7.2という大きな地震がおきた。トルコは日本と同じように地震が多く、1999年にもマグニチュード7.4の地震がおきている。

2章 中東の水と農業

▲モロッコの遊牧民。ラクダなどの家畜を連れて移動しながらくらす（→28ページ）。

2章 中東の水と農業

砂漠では、どうやって水を手に入れるの？

●地下を流れる水を得る

砂漠の山地や大地にふった雨や雪どけ水は、地中にしみこんで上から下へゆっくりと流れていきます（下図）。そうした地下水が、自然にふきだしているところを井戸として利用したり、人が井戸を掘ってくみあげたりして使います。

さらに低い土地では、オアシス（→17ページ）となって、人々の飲み水や農業用水として利用されます。

ナイル川のほとりのオアシス
全長6695kmのナイル川は、雨の多い上流地域から雨の少ない下流地域に水を運ぶ水路となる。川岸のオアシスには集落や畑がたくさんできている。

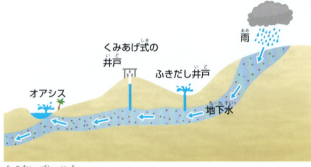

地下水が泉や井戸としてわくしくみ
地中にしみこんだ雨水は、地中を上から下へと流れる。その圧力でわきでる。

サハラ砂漠にある井戸
井戸には水をくみに人が集まる。井戸からくみあげた水は、家畜の飲み水としても利用されてきた。

オマーンのオアシス
ハジャール山脈のふもとの砂漠のなかに泉がわきだしている。

砂漠のなかでいつも水が得られるところをオアシスというんだ

ナイル川中流の巨大ダム
エジプトでは、古代からナイル川のはんらんで運ばれてきた肥えた土地でかんがい農業がおこなわれてきた。しかし、毎年収穫量がかわるので、安定した収穫と発電、洪水防止のため、1970年にナイル川中流にアスワン＝ハイダムがつくられた。

A 井戸や水路をつくって、川の水や地下水を運ぶんだ。飲み水だけでなく農業にも使うよ。

●地下水路で水を運ぶ

砂漠などの水の少ないところでは、地下水があるところに、たて穴をいくつも掘り、それを横穴でつなげて人工的な地下水路をつくります。地下水路であれば、水をあまり蒸発させずに運ぶことができるのです。この地下水路を「カナート」といいます。また、アフガニスタン、トルキスタンでは「カーレーズ」、北アフリカなどでは「フォガラ」とよびます。このように、人が住むオアシスまで水を引き、飲み水や農業用水などとして使います。

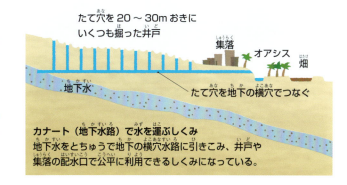

カナート（地下水路）で水を運ぶしくみ
地下水をとちゅうで地下の横穴水路に引きこみ、井戸や集落の配水口で公平に利用できるしくみになっている。

空から見たイランのカナート
一定の間隔でたて穴が掘られているのがわかる。

モロッコのフォガラ
砂漠の地面にもりあがった、たて穴式の井戸がならんでいる（↓）。

アルジェリアのオアシスにある集落の配水口
配水口で水が各村に分けられるようになっている。

地下水路の手入れは大変？!

地下水路には壁をコンクリートなどで補強したものもありますが、壁の補強をしていない素掘りがほとんどです。素掘りの地下水路は、年に1〜2回、なかに落ちた土をとりのぞかなければなりません。とても重労働で危険な作業のため、手入れをしないで見捨てられるものもあります。地下水路は、つくることも大変ですが、手入れをして維持していくことも大変なのです。

地下水路を手入れするアルジェリアの人々
地下水路のなかの土をひものついたバケツに入れ（左）、滑車を使って引きあげる（右）。

水をめぐる争い【その1】
ナイル川上流の国エチオピアは、干ばつによる飢饉や安定した発電のためにダム建設を計画している。しかし、下流にあるエジプトは、エチオピアのダムに水がたまると自国のダムの水がへって水不足や発電力低下がおきると、それに反対している。

23

海水を飲み水にできるってほんとう？

2章 中東の水と農業

アラブ首長国連邦・ドバイの
ジュベル・アリにある海水淡水化プラント。
photo by Spencer Lowell

●石油を売って海水を飲み水に

　1960年ごろから、世界じゅうで人口増加や水をたくわえる森林の伐採が進みました。そのため、地球上では生活用水や農業用水に使用する淡水（真水）が、不足するようになりました。とくに砂漠の多い中東では、雨も大きな川も少ないため、淡水は大切にされてきました。
　そこで考えだされたのが、地球上の水の約97％をしめる海水を淡水にかえる施設です。とくに中東のペルシア湾沿岸の国々は、石油を海外に売って得たお金で海水淡水化装置を建設し、そこでできた水を生活用水や農業用水に利用しています。日本企業も、特別な膜で海水から塩分をこしとる装置を開発し、中東などの国々へ輸出しています。

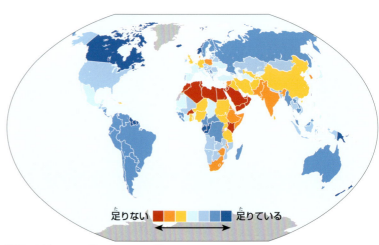

足りない　　　　足りている

淡水が不足している国、足りている国
2007年の1人当たりに利用できる水の量を表す。砂漠の広がる国々や人口の多いアフリカやアジア、開発の進んだヨーロッパなどで淡水が不足していることがわかる。

水をめぐる争い【その2】
トルコは、1960年代からユーフラテス川上流にダムを建設したため、下流のシリアやイラクは水の分配をめぐって抗議をしている。近年、イランがティグリス川中流にダム建設をはじめたため、下流の国々で水の不安がさらにたかまっている。

A 乾燥地帯など、淡水が手にはいりにくいところでは、海水から塩をとりのぞいて真水にしているよ。

●海水を淡水にするしくみ

海水から淡水をつくる方法は、大きくふたつに分けられます。海水を沸とうさせて蒸発した水蒸気を冷やして淡水を得る「蒸留法」と、特殊な膜で海水の塩分をろ過する「逆浸透法」です。

塩分をほぼ完全にとりのぞくのは、多段フラッシュ法などの蒸発法で、中東諸国ではこの方法の装置がおもに使われています。しかし、使う電気や熱が少ないのは逆浸透法で、最近では世界の海水淡水化の約60％が逆浸透法でおこなわれています。

蒸留法のしくみ
海水を加熱して沸とうさせ、発生した水蒸気を冷やすと、真水ができる。海水にふくまれる塩分と水の気体になる温度のちがいを利用している。

逆浸透法のしくみ
圧力をかけながら海水を特殊な膜でろ過する。この膜は、水を通すが、塩分などの物質を通さないので、海水から真水を得ることができる。

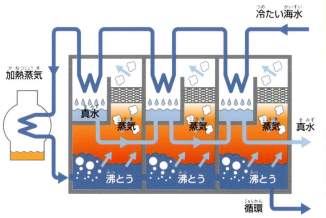

蒸留を使った多段フラッシュ法のしくみ
海水を熱して沸とうさせ、蒸発した水蒸気を冷やして水を得る（蒸留）。これをくりかえして真水にする。

海水を淡水にかえる施設は、日本でも沖縄などにあるんだって

よごれた下水も再利用

中東の国々では、最近雨の多い海沿いの都市でくらす人がふえています。人口が増加すると、洗たくやトイレなどで出る生活排水もふえます。

サウジアラビア第2の都市ジッダでは、人口が急にふえて下水処理が追いつかず、以前は街から少しはなれた場所にそのまま排水を捨てていたため、下水湖ができていました。しかし、いまでは下水処理場できれいにした水を森林公園などに利用しています。また地中海に面したイスラエルでは、下水処理した水の約70％を農業用水に利用しています。

写真提供：大熊那夫紀
下水を放流するトラック

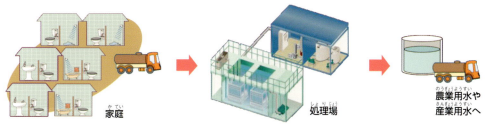

下水処理と再利用
家庭からの下水を集め、処理場で沈殿ろ過などできれいにして再利用する。

日本も水輸入国!?
水の豊富な日本も、水をたくさん輸入している。なぜなら、日本が輸入している小麦やトウモロコシ、野菜やくだものを育てるのにも、水が使われているからだ。多くの食料を輸入している中東の国々も、形をかえた水を大量に輸入している。

2章 中東の水と農業

砂漠でも農業はできるの？

エジプトのナイル川沿いに広がる水田
古代エジプト文明のころから、ナイル川は決まった時季にはんらんし、栄養のある土を上流から運んでくるため、農業がさかん。綿花や小麦の栽培がおこなわれてきたほか、日本の技術協力もあってイネもつくられている。

●オアシスでの昔ながらのかんがい農業

高温で乾燥した気候の中東でも、水のある場所では小麦や大麦、トウモロコシなどの穀物、ナツメヤシやオリーブ、オレンジなどのくだものが栽培されています。東京では年間1500mm以上も降水量がありますが、250mm以下しかない中東の砂漠や乾燥地域では、川のほとりや地下からわきだす泉などがオアシスとなり、その水を利用して昔ながらのかんがい農業がおこなわれてきました。

モロッコのオアシスでの農業
ナツメヤシの木かげに、小麦やマメなどの畑をつくっている。かげになると土にふくまれる水分の蒸発をおさえるので、水をたくさんまかずにすみ、オアシスのかぎられた面積の農地をうまく利用することができる。

エジプトのトウモロコシ畑

モロッコの小麦畑

イスラエルのブドウ畑

オリーブは「平和の印」
オリーブは、大昔から地中海沿岸でさかんに栽培されている。キリスト教の『聖書』にも、洪水が去った証拠にハトがオリーブの枝をくわえてとんでくる場面がある。そこからオリーブをくわえたハトは、「平和の象徴」となった。

A 水があるオアシスや、水源から水を引くかんがいをすることで農業をしているよ。

●ポンプでくんだ地下水を使う農業

降水量の少ない砂漠でも、数千年以上前にふった雨が地中にしみこんで、地下水としてたくわえられています。サウジアラビアやエジプトなどの砂漠では、地下水をポンプでくみあげて回転するパイプから円形に水をまく「センターピボット」という方式のかんがい農業がおこなわれています。

また、国土面積の半分以上が砂漠というイスラエルでは、食料自給率が95％以上と農業がさかんです。ここでは、くみあげた地下水を、パイプの穴から少しずつたらす「点滴かんがい」という方式の農業がおこなわれています。

円形農場に水をまくセンターピボット方式のスプリンクラー
サウジアラビアでは、センターピボット方式で生産量がふえたものの、地下水がへりすぎたため、点滴かんがい方式にかえていこうとしている。

イスラエルの点滴かんがいをおこなう野菜畑
液体肥料がまざった水をパイプに通して、パイプの穴から少しずつたらす。センサーで土の乾燥状況を見て、水や肥料の量を細かく調節できる。

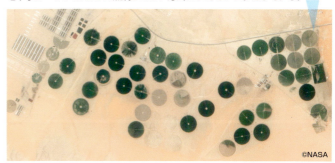

サウジアラビアの砂漠にあるセンターピボット方式の円形農場
人工衛星から見たよう。ひとつの円の大きさが、直径約1kmもあるので、大量の水が必要となる。

地下水で畑が塩の砂漠に!?

砂漠の砂や土は、養分が少ないので、休みなく耕作をつづけると、じょじょに養分が失われて、もとの砂漠にもどってしまいます。また、畑に大量にまいた水が地下水につながると、畑の水が蒸発するとき、地下水にふくまれる塩分がいっしょに地上へ出てきて畑の土にたまり、作物を枯らすことがあります。

いまから4000年近く前、古代メソポタミア（→2巻8ページ）でも農地が塩害をおこし、作物生産量が減少したといわれています。

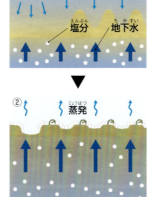

塩害によりすてられた農地
地表に塩（白い部分）がうきだし、作物を枯れさせる。

塩害がおこるしくみ
① 畑に大量の水をまくと、地下水が上がってくる。
② 塩分をふくむ地下水が地中から上がって地表に塩分がたまり、作物が枯れる。

ハイテク農業国イスラエル
イスラエルは、国土の半分以上が砂漠だ。しかし、衛星画像や気象データ、土の水分量などのデータを集めて、給水時期や水の量を管理し、空調、室温、日照時間を自動で調整するハウス栽培などを利用して、食料自給率95％以上を達成している。

2章 中東の水と農業

いまでも遊牧がさかんなの？

ベドウィンの少年
いまでも一部の人々が、草原でヤギや羊などの放牧をおこなっている。

●家畜とともに草原を移動する遊牧民

　中東では、いまでも家畜を連れて移動しながらくらす遊牧民がいます。たとえばアラビア半島を中心とするベドウィンの人々と、北アフリカのサハラ砂漠を中心とするトゥアレグの人々です。
　これらの人々は、古くから砂漠のまわりに広がる草原から草原へ、乾燥気候に強いラクダやヤギ、羊、馬、牛などの家畜のえさとなる草をもとめて移動生活をつづけてきました。それらの家畜から毛皮や乳、肉をとり、市場で売ったり、ほかの遊牧民と食料や生活用品などと交換したりしてくらしてきたのです。ベドウィンのなかには、時代の変化とともに、遊牧をやめて都市でくらす人もふえました。しかし、まだ昔ながらの遊牧をつづける人もいます。

おもな遊牧民
アラブ人系のベドウィンはアラビア半島を中心にシリアなどで、ベルベル人系のトゥアレグは、サハラ砂漠中央部から南部を中心にくらしてきた。

遊牧民の市場で売られるラクダ
毛皮や肉、乳が売りものになるほか、荷物や人の輸送にも使われる。

牧畜の起源
紀元前7000年ごろ、いまのシリアやトルコ、イラク、イラン付近で、羊やヤギを家畜として飼うようになった。最初は、肉や毛皮などをとるのが目的だったが、紀元前6000年ごろから、乳をしぼって利用するようになったと考えられている。

A 作物を育てるのがむずかしいところでは、ラクダやヤギ、羊などを飼う牧畜をしているよ。

●北アフリカの遊牧民

北アフリカから西アフリカにくらすトゥアレグの人々は、古くからラクダをつらねてサハラ砂漠をこえて交易をおこなういっぽう、ラクダやヤギなどの遊牧をおこなってきました。

かれらは雨の多い雨季にサハラ砂漠の北部に移動して家畜に草を食べさせ、乳をたくさんしぼりとります。そして、干し肉や乳からチーズをつくってたくわえ、食料の少ない乾季を乗りこえるのです。最近では干ばつなどで家畜のえさとなる草が少なくなって、オアシスなどに定住して農業をしたり、運送業や観光業についたりする人もふえました。しかし、いまでも、ほそぼそと牧畜をしたりラクダで塩を運んだりする人もいます。

サハラ砂漠の遊牧民とラクダの群れ
トゥアレグなどの遊牧民は、ラクダやヤギ、羊などのえさとなる草をもとめて移動するため、組み立て式テントのなかで生活する。

ラクダの乳を売る遊牧民の女性
家畜の皮でつくった革袋のなかに乳を入れてお客に売る。

どんな味がするんだろう？

砂漠でチーズを乾燥させるベドウィンの女性
ヤギの乳からつくったチーズを乾燥させ、保存食とする。塩分が強く、ほのかにミルクの味と香りがある。

アラビア半島の漁業と林業

アラビア半島の沿岸地域では、サメやタイ、アジ、ダツなどの海にすむ魚をとる漁業がおこなわれています。また、イルカやジュゴンのほか、ウミガメなども捕獲され、食用にされています。

また紅海沿岸では、雨がふる量が少なく、乾燥しているため、海水のなかでも育つマングローブがまばらに林をつくっています。それらのマングローブは、建物や船の材料として利用されてきました。今後は、マングローブの植林が進められ、葉をラクダのえさとし、海の中で魚を育てる魚付き林としての利用も期待されています。

イエメンの魚市場
アラビア半島沿岸では漁業がおこなわれ、市場には多くの人が魚の買いつけにおとずれている。

ムスリムとしてのトゥアレグ
トゥアレグの人々の多くはムスリムだが、ほかのムスリムとはちがって一夫多妻をみとめておらず、一夫一婦制をとり、女性は顔をベールでおおわない。これと反対に、男性のほうが青い色のターバンとベールをつける。

いまでもラクダが活躍しているの？

2章 中東の水と農業

エジプトのシナイ半島にあるけわしい岩山を行くラクダのキャラバン
岩だらけの山道をこえて荷物を運ぶには、ラクダにまさる乗りものはない。

●国境のないキャラバン交易

いまから1000年以上前、イスラーム帝国が中央アジアから北アフリカのモロッコまでを領土とした時代がありました（→2巻14ページ）。そのころから、イスラーム世界では、陸上の道を利用した交易がさかんにおこなわれていました。交易品は、食料や香辛料、塩、織物、焼き物などでした。それらを背中に積んだ多くのラクダをつらねたキャラバン（隊商）が、砂漠のオアシスをへて、遠くはなれた都市のサライ（宿）に到着します。サライは、商人たちの宿泊所のみならず、ラクダのえさ場、倉庫、交易品の取引場でもありました。

ラクダのキャラバンによる交易は、国境のない砂漠をこえた自由な取引でした。しかし、19世紀から、イギリスやフランスなど西ヨーロッパの国々が中東に進出して、国境という垣根を持ちこんだため（→2巻32ページ）、隊商交易もサライもしだいにすたれてしまいました。

サウジアラビアの都市メディナの市場
道路の整備された大きな都市では、砂漠のなかにあっても、新鮮なくだものや野菜などを手に入れることができる。

 キャラバンに大切な水
ラクダの道は、水を得るためにオアシスとオアシスをむすんでいる。オアシスの水の量は、年によってかわるため、干上がってしまうこともある。たよりにしていた水がなくなって、キャラバンが全滅してしまうこともあった。

A いまでも荷物を運ぶことがあるけれど、トラックや貨物列車などが使われるようになってきたよ。

●時代とともにかわる交易や輸送路

20世紀後半、中東の沿岸地域に多くの都市ができると、大量の荷物をすばやく運ぶ必要が出てきました。そこで、砂漠のなかに線路や舗装道路がしかれ、ラクダにかわって列車やトラックが使われることが多くなりました。しかし、砂だらけの砂漠やけわしい岩山に線路や道路を通すのはむずかしいため、そうしたところではいまでもラクダが荷物を運んでいます。

また、1869年にエジプトのスエズ運河（→2巻37ページ）が開通して、ヨーロッパとアジアを直接むすぶ航路が開かれ、多くの大型貨物船が行き来するようになりました。さらに、ペルシア湾を中心に石油の採掘がさかんになってからは、石油を積んだ大型タンカーが行き交うようになりました。

メッカへの巡礼客がならぶジッダの空港
サウジアラビア・ジッダのキングアブドゥルアズィーズ国際空港は、巡礼月になると客であふれかえる。最近では、イスラーム（イスラーム教）の聖地メッカへの巡礼者も、飛行機でおとずれるようになっている。

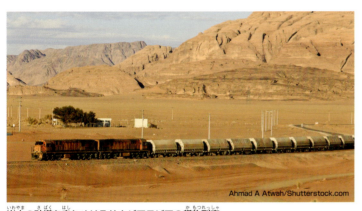
岩山の砂漠を走りぬけるサウジアラビアの貨物列車
広大な砂漠の広がるサウジアラビアでは、大都市のあいだを走る列車をのぞいて、旅客輸送よりも貨物輸送を目的としている。

アラブ首長国連邦ドバイの港町ディラ
ディラは古くからの港町で、生活用品の荷揚げ施設のほか、魚市場や金の取引所なども設けられている。

砂漠のなかの道路は車のタイヤあとが目じるしになるよ

昔はラクダで貴重な金なども運ばれていたんだ

荷物を積みあげてサハラ砂漠を走るトラック
サハラ砂漠を南北に通る道路はいくつもあるが、舗装された道路は3ルート。ほかは車が通ってかたくなった砂の上が道路となる。

砂がはばむ砂漠の道
砂漠にできたタイヤのあとは、風で砂がとばされてすぐに消えてしまう。また、アスファルトで舗装された道でも、砂嵐がおこると、あっという間に砂におおわれてしまう。そこで、最近では砂がとびちるのをふせぐ方法が研究されている。

もっと知りたい！中東

砂漠化する大地を緑地化する

砂漠化が進むサハラ砂漠の周辺
サハラ砂漠の南側の草原地帯をサヘルという。放牧のしすぎで草が食べつくされたうえに、干ばつがつづいて砂漠化が進んでいる。

タッシリ・ナジェールの壁画
壁画がえがかれたころには、牛のえさとなる草木がたくさんあったことを表す。

■大昔は緑地だったサハラ砂漠

8000～6000年前、サハラ砂漠が草木のしげる緑の大地だったと、信じられますか？

アルジェリア南東部にある山地タッシリ・ナジェールにのこる岩壁には、カバやゾウ、ワニ、キリンなどとともに、投げやりや弓などで狩りをする大昔の人々の姿がえがかれています。

しかし、その後気候が変化し、雨や雪の量がへったことや、人間が家畜の遊牧や農業をおこなって木や草をかりつくしてしまったことで砂漠が広がっていったと考えられています。

最近でも、サハラ砂漠の周辺では、深井戸掘りによる地下水の減少、家畜の放牧や農耕のやりすぎ、森林伐採などで、砂漠化が進んでいます。

砂漠化の危険度地図
砂漠になる可能性が高いところほど赤くなっている。

低い／中程度／高い／とても高い／砂漠／寒冷／湿潤／氷河

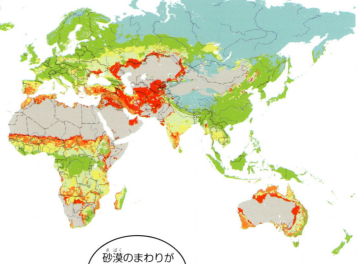

砂漠のまわりが砂漠化の危険が高いんだね

■砂漠化を食いとめる緑地化運動

砂漠化を食いとめようとする緑地化運動が、世界各地で進められています。この活動は、大地の砂漠化を防ぐだけでなく、農作物を植えることで食料不足を解消し、大気中の二酸化炭素をへらして地球の温暖化を防ぐ助けにもなるからです。

緑地化を進めるには、まず航空写真や人工衛星から画像で砂漠化のようすを分析し、防砂林や乾燥に強い植物を植えて砂の移動を食いとめます。

さらに、地下水を効率的に利用するかんがい方法を使って、乾燥や塩害（→27ページ）に強い植物を植えていきます。中東や中国などの砂漠で、日本のNPO法人や企業が、こうした砂漠の緑地化にとりくんでいます。

日本企業による中国の砂漠での緑地化
地面のなかで自然に分解するチューブに砂をつめたサンドソーセージ工法で、まいた種が風でとびちるのを防ぎ（上）、植物が育つのを助けて緑地化を進める（下）。

3章 石油から新たな産業へ

▲カタールの首都ドーハ。石油産業にたよらない国づくりを目指して、化学肥料やセメントの輸出産業などに力を入れている。

3章 石油から新たな産業へ

中東のどこで石油がとれるの？

●中東は世界一の石油生産地域

中東は、世界でいちばん石油のとれる地域です。サウジアラビアをはじめ、イラク、イラン、アラブ首長国連邦、クウェートなど、中東の国々が世界の産油国トップ10の半分をしめています。前見返しの地図で見ると、それらの国々は、ペルシア湾をとりまくように位置していることがわかります。

油田で採掘された石油は、パイプラインで港へと送られ、貯蔵施設にたくわえられます。そこから船のつくりがタンクのような石油タンカーに積みこまれて、世界各国へ運ばれていきます。

現在中東でとれた石油の約60％は、中国やアメリカ、インド、日本などの石油化学工業のさかんな国々へ輸出されています。それは、はじめに中東で石油採掘権をもっていたのが、アメリカやヨーロッパの国々だったからです。そのため中東の産油国では、燃料や石油化学製品をつくる技術開発や工場建設はあまり進んできませんでした。

サウジアラビアの石油積み出し港ラスタヌラのさん橋
大型石油タンカーがつらなり、サウジアラビアの石油のほとんどが、ここで積みこまれて輸出されている。

Philip Lange/Shutterstock.com

ペルシア湾内の島国バーレーンの石油採掘ポンプ
バーレーン島の大部分が砂漠でおおわれ、その下にある油田からとれる石油が国の収入の大部分をしめている。

●欧米が開発した中東の油田

中東で最初に油田がみつかったのは、1908年イランでのことでした。イラン政府から60年間石油を採掘する権利を得たイギリス人技術者が、7年後に石油を掘りあてることに成功したのです。

そのころは、石油を燃料とする自動車や飛行機が発明され、大型船も燃料を石炭から石油へと切りかえようとしていた時代でした。

まもなく科学技術先進国であるイギリスやフランスなどと、ドイツやオーストリア、オスマン帝国（→下）とのあいだで第一次世界大戦がはじまります。その結果、イギリス・フランス側が勝利して、それまで中東を支配してきたオスマン帝国にかわって勢力をのばし、アメリカの石油会社とともにペルシア湾一帯の石油採掘権を手に入れたのです。

オスマン帝国
1299年に建国され、1453年にビザンツ帝国をほろぼしたのち、中東から東ヨーロッパ、北アフリカなどに領土を拡大。しかし、19世紀にイギリスやロシアの圧迫を受けて領土がへり、第一次世界大戦でやぶれて1922年に滅亡（→2巻24～31ページ）。

A ペルシア湾周辺のサウジアラビアやアラブ首長国連邦、イランやイラクが、世界最大の石油生産地だよ。

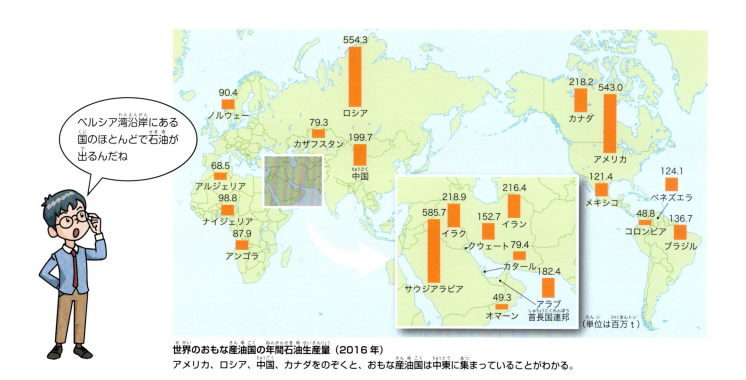

世界のおもな産油国の年間石油生産量（2016年）
アメリカ、ロシア、中国、カナダをのぞくと、おもな産油国は中東に集まっていることがわかる。

●石油を掘る権利は産油国のものに

第二次世界大戦後、石油が世界経済に大きな役割を果たすようになりました。ガソリンや重油などの燃料だけでなく、新技術の開発でプラスチックや化学繊維、合成ゴム、洗剤などの原料としても使われるようになったためです。

こうした動きのなかで、中東のサウジアラビアやイラン、イラク、クウェートをはじめとする産油国は、石油事業の権利をヨーロッパの国々やアメリカから自分の国にとりもどしました。それが、世界経済のなかで大きな力をもち、自分たちの国を発展させることになると考えたからです。

これらの産油国は、1960年にOPEC（石油輸出国機構→下）を結成して、石油の生産量や価格を決める権利を手にしました。しかしこうした産油国に、石油化学技術が十分に発達していなかったため、石油の多くは輸出されていたのです。

ガスを液体にして運ぶ

石油を採掘するとき、液体の石油といっしょに出てくるのが、気体の天然ガスです。天然ガスは軽くてもかさばるので、大量の気体を圧力をくわえておしちぢめ、液体にかえて運びます。これが液化天然ガスです。天然ガスも液体の状態にすることで石油と同じように、陸上ではパイプラインで、海上ではタンカーで輸送することができるようになります。

イラク産天然ガスを送るパイプライン
パイプのいっぽうから圧力を加えて遠くまで石油や天然ガスを送る。天然ガスの場合は、圧力をくわえて液体にすることでより輸送しやすくなる。

OPEC（石油輸出国機構）
中東をはじめとする産油国が、アメリカ合衆国やイギリスなどの国際石油会社に対抗するために、1960年に設立した国際組織。石油輸出を戦略としておこない、一方的に生産量や価格を決めて石油輸入国をこまらせた（→2巻39ページ）。

ペルシア湾周辺には、なぜ油田が集まっているの？

●2億年以上前は海底だった中東

ペルシア湾は、面積24万km²と日本の本州ほどの広さしかありません。そうしたせまい湾とその周辺に世界の石油生産量と埋蔵量の半分以上をしめるほど大量の石油があるのは、大昔の中東の地形のなりたちと石油のでき方が大きく関係しています。

いまから2億年以上前の地球では、パンゲア大陸（→下）というひとつの巨大な大陸が、地中のマントルの熱で動き、いくつもの大陸に分かれはじめていました。

そのころ中東は、アフリカに近く、いまのインド洋から太平洋にかけて広がるテチス海とよばれる海の底にありました。石油は、そこにすんでいた生き物の死がいがもとになってできた、という説が有力です。

●海の生き物がもとになった

浅い海底だった中東周辺には、太陽の光がさしこんで、プランクトンや魚などの多くの生き物がすんでいたといわれています。それらが死んで、土砂などといっしょに海底に積もって何十万年もたつと、かたい岩になり、生き物の体の成分も岩の中にしみこんで、石油のもとになるケロジェン（→右ページ下）ができます。それらが地熱で上におしだされ、石油と天然ガスになるのです。

こうしてできた石油や天然ガスをのせた岩は、地熱でおしあげられて巨大な皿をふせたように盛りあがり、まわりの石油や天然ガスを集めて地中にたくわえます。

さらに、かたい岩によって上からふたをするようにおおわれたので、石油や天然ガスが外にもれなかったと考えられています。

約2億年前の地球

それまでひとつの大陸だったパンゲア大陸が分かれはじめたころで、中東付近はテチス海とよばれる海だった。陸上では小型の恐竜が現れ、海には大昔の魚やアンモナイト、プランクトンなど、さまざまな生き物が栄えていた。

石油ができるまで

海でくらす生き物たちが死ぬと、陸から運ばれた土砂といっしょに海底に積もって、生き物の成分は何百万年ものあいだに土砂にしみこんでかたい岩のなかでケロジェンとなる。さらに、ケロジェンは、地中の熱のはたらきで水や石油、天然ガスなど重い順に分かれて地中にたくわえられる。

① 海にすむ魚やプランクトンの死がいが、海底に積もって泥のなかにうもれる。

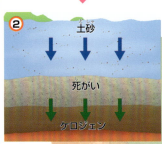

② 死がいの泥の上に土砂が積もり、その圧力で泥は泥岩となってケロジェンができる。

③ ケロジェンが地熱で天然ガス、石油、水に分かれる。

サウジアラビアの海底油田のプラットフォーム
ペルシア湾の海中に鉄骨でプラットフォームを組みたて、海底にパイプを打ちこみ、ポンプで石油をくみあげていく。

パンゲア大陸
いまから2億数千年前の三畳紀、地球上に南北に連なっていたとされる巨大大陸。地球内部を対流するマントルの熱によって移動し、約2億年前のジュラ紀末にゴンドワナ大陸とローラシア大陸に分かれた。

A 大昔のペルシア湾周辺は海底で、海の生き物の死がいが海底の泥にうもれ、石油ができたといわれているよ。

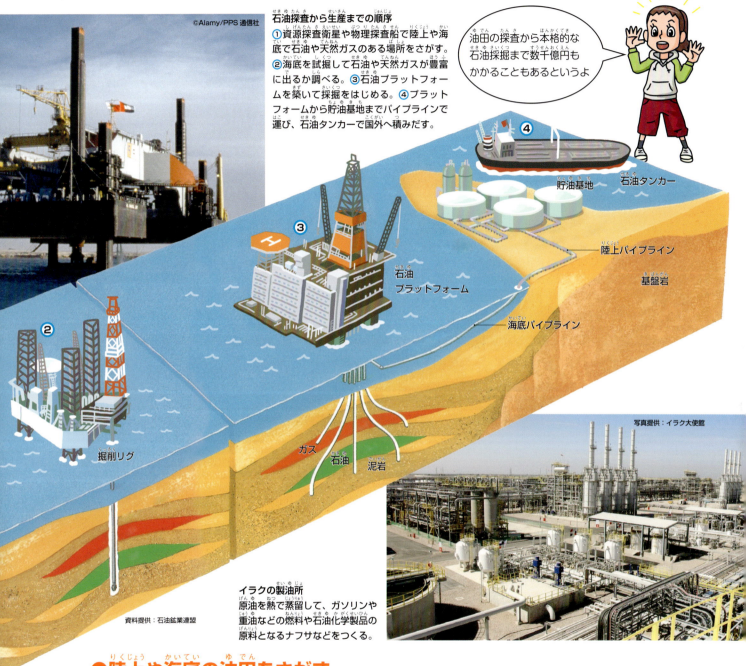

石油探査から生産までの順序
①資源探査衛星や物理探査船で陸上や海底で石油や天然ガスのある場所をさがす。②海底を試掘して石油や天然ガスが豊富に出るか調べる。③石油プラットフォームを築いて採掘をはじめる。④プラットフォームから貯油基地までパイプラインで運び、石油タンカーで国外へ積みだす。

油田の探査から本格的な石油採掘まで数千億円もかかることもあるというよ

イラクの製油所
原油を熱で蒸留して、ガソリンや重油などの燃料や石油化学製品の原料となるナフサなどをつくる。

●陸上や海底の油田をさがす

陸上の油田の場合には、ありそうな場所を掘削リグで試掘するだけですが、海底油田をさがす場合は、物理探査船という船を使います。まず、海面付近から海底に向かって音波を発射し、はね返ってきた音波を受信して、石油や天然ガスのある場所をたしかめます（①）。

石油や天然ガスがあることがわかれば、掘削リグで海底を試掘して埋蔵量の多さをたしかめます（②）。その量が多ければ、海上に石油プラットフォームを築いて石油やガスを採掘し（③）、パイプラインで海辺の貯油基地へ運び、石油タンカーに積んで外国に輸出するのです（④）。

 ケロジェン
海にすむプランクトンや魚、海そうなどの生き物の死がいが、海底の泥や砂のなかにうもれてできた成分。それが土砂が岩石となった頁岩や泥岩内にふくまれ、熱で分解すると石油になると考えられている。

37

日本は、中東から毎年どれくらい石油を輸入しているの？

3章 石油から新たな産業へ

中東から石油を運ぶ日本の石油タンカー
30万tの石油を運ぶことのできる二重底の大型石油タンカーで、深さ25mほどしかないマラッカ海峡を安全に通りぬけられる設計になっている。

写真提供：川崎汽船

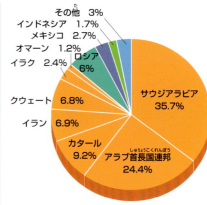

総輸入量：1億9272万kL

日本の国別石油輸入の割合（2016年）
2016年には中東諸国からの輸入の割合が約87％をしめていた。

●石油は中東だのみの日本

石油は、日本の新潟県や秋田県などでもとれますが、その量は日本全体で必要な石油のわずか0.4％で、99.6％は外国からの輸入にたよっています。なかでも中東の湾岸産油国からの輸入が多く、2016年には輸入量全体の約87％に達しています。では、なぜ日本は約8000kmもはなれた国から輸入しているのでしょうか。

それは、中東には石油の埋蔵量が多く、必要な量の石油を安定して輸入できるからです。中東の石油貯油基地で大型石油タンカーに積みこまれた石油は、「シーレーン」（→下）とよばれる航路を通って、日本まで運ばれてきます。とちゅうには、ホルムズ海峡やマラッカ海峡など、せまい海や領海争い（自分の国の海だと争うこと）をしている危険な海もあります。シーレーンは、日本の経済を支える重要な航路なのです。

日本と中東をむすぶタンカーの航路
資源にとぼしい日本では、船による外国からの輸入にたよっている。巨大石油タンカーのシーレーンは、国の経済を支える重要な航路で、とくに海峡のせまい海は海賊や衝突事故などにあいやすい場所となっている。

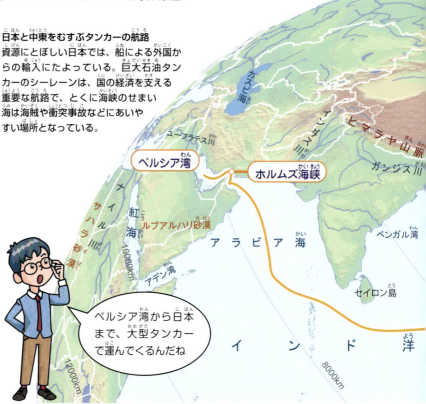

ペルシア湾から日本まで、大型タンカーで運んでくるんだね

シーレーン
船で資源や食料、工業製品などを運んだり、国の安全を守ったりするうえで重要とされる海上交通。日本の場合には、ペルシア湾からマラッカ海峡、南シナ海をへて太平洋沿岸の工業地帯までの航路をいう。

A

日本は石油全輸入量の約87%を約8000kmもはなれた中東から輸入しているよ。中東の石油は日本の経済に影響するんだ。

●高度経済成長で輸入量が急増

日本で中東からの石油輸入量が急にふえたのは、1960年代後半からです。そのころの日本は、高度経済成長期にはいって、全国各地をむすぶ高速道路網や空港、飛行場などが整備され、自動車やトラック、飛行機による輸送がさかんになり、燃料としての石油が大量に必要となったからです。

さらに、1970年代には、太平洋岸には石油化学コンビナート（→下）とよばれる化学工場が集まって、ガソリンや重油などの燃料のほか、プラスチックや合成ゴムなどの石油化学製品なども、大量生産されるようになりました。そのため中東だけでなく、中国やインドネシアなどからも石油を輸入するようになりました。しかしそれらの国々でも、石油化学工業が発達したため、最近では、ふたたび中東からの輸入量がふえています。

写真提供：出光興産

東京湾に面した市原市の石油化学コンビナート
日本最大規模の石油化学コンビナートで、日本有数の石油化学プラント数をほこる。太平洋に面した海岸には、ベルトのように石油化学コンビナートがあるため（左図）、太平洋ベルトとよばれている。

日本のおもな石油化学コンビナート

行きは空っぽ？ 石油タンカー

石油タンカーは、船全体が8〜12個のタンクからできていて、それぞれのタンクも2〜3の区画に分かれています。中東からタンクいっぱいの石油を積んでもどる予定でも、空のまま日本を出発するわけではありません。空っぽだと、船の重心が上にきて、まんいち嵐や大波を受けたときに、てんぷくしてしまうおそれがあるからです。そのため、出発のときはタンクに海水を入れていきます。

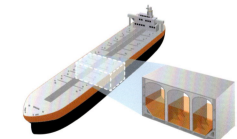

石油タンカーのつくり
図の船の場合には、8つのタンクからできていて、それぞれが横に3つの区画に分かれている。ここに水を入れることで、重心のバランスをとる。

石油化学コンビナート
原油からガソリンや軽油、重油、灯油などの燃料やナフサをつくり、ナフサを原料としてエチレンをつくり、エチレンからプラスチックや化学繊維、化学洗剤などの石油化学製品をつくる設備。第二次世界大戦後にさかんに建設された。

3章 石油から新たな産業へ

石油は、いつかなくなるってほんとう？

エジプト軍を砲撃するイスラエル軍（1973年の第四次中東戦争）
アメリカはイスラエルに武器や弾薬をあたえて支援したが、アラブ諸国を中心とするOPEC（石油輸出国機構）は石油の減産と値上げをおこなって、エジプトとシリアを支援した。

●戦争や紛争が招いた石油危機

いまから50年近く前、「もしも石油がなくなったら」と想像させるできごとがおきました。1973年に第四次中東戦争（→2巻39ページ）をきっかけにはじまった第一次石油危機と、1979年のイラン革命（→2巻40ページ）が原因でおきた第二次石油危機です。

中東戦争は、第二次世界大戦後パレスチナに建国されたイスラエルと、そこを追いだされたパレスチナ人を支援するアラブ諸国とのあいだでおきた4回にわたる戦争です（→2巻36〜39ページ）。第四次中東戦争では、当時石油を大量に輸入していたアメリカがイスラエルを支援したことに反発し、中東の産油国が石油の価格を70％も引きあげ、生産量もへらしたため、世界経済が混乱し、日本も大きな影響を受けました。

アメリカとの友好を進めたイランの国王がイラン革命でたおされたときも、イランの石油生産量が大きくへって第二次石油危機がおき、世界経済が混乱しました。

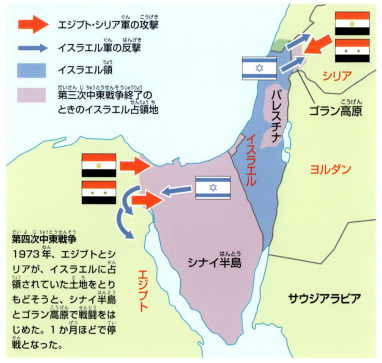

- エジプト・シリア軍の攻撃
- イスラエル軍の反撃
- イスラエル領
- 第三次中東戦争終了のときのイスラエル占領地

第四次中東戦争
1973年、エジプトとシリアが、イスラエルに占領されていた土地をとりもどそうと、シナイ半島とゴラン高原で戦闘をはじめた。1か月ほどで停戦となった。

シェールオイル
地下1500m以下の頁岩のすきまにはいった石油。アメリカには世界の推定埋蔵量の約6割があるとされている（→1巻36ページ）。日本では、2012年に秋田県で国内初の石油採取に成功した。同じ頁岩の層からとれるガスは、シェールガスとよばれる。

石油の生産量は、戦争や紛争が原因でへることがあるんだ。また いつかなくなる日が来るので、新たな資源の開発も進んでいるよ。

●石油にかわるエネルギーを

石油危機がおきたとき、石油輸入を中東だけにたよるのをやめようという声が各国で大きくなりました。また、その後、中国やブラジル、インドなどでも石油化学工業がさかんになり、石油がいつかなくなるのを心配して、産油国では自分の国の石油埋蔵量を調べるようになりました。

最近ではアメリカなどでシェールオイル（→左ページ下）を掘りだす技術が進歩したため、石油の埋蔵量はふえていて、この先50年ほどはなくならないといわれています。

しかし、それでも石油は無限にあるわけではないので、中東でも太陽光エネルギーや風力発電など、石油にかわる新たなエネルギー資源の開発が進められています。

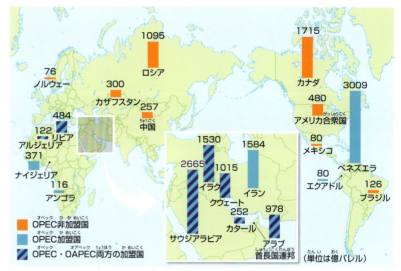

2016年の世界の産油国の石油埋蔵量
石油埋蔵量が世界一の国は南米のベネズエラだが、地域別では、ペルシア湾沿岸のOAPEC（アラブ石油輸出国機構）諸国に集中している。1バレルは約159L。

日本にも広がった石油危機

第四次中東戦争をきっかけにおきた第一次石油危機の影響は、1973年10月ごろ、日本へも広がりました。中東の産油国は、アメリカの友好国である日本をイスラエル側の国として、石油の輸出禁止国リストにくわえたのです。あわてた日本政府は、イスラエル軍の占領地からの引きあげと、パレスチナ人の保護をうったえます。その結果、日本は禁止国リストから外れました。

しかし、日本国内では、石油不足と価格の上昇の話題が連日大きく新聞やテレビなどで報道されたため、国民生活は大きな混乱におちいってしまいました。

石油危機当時の石油価格と輸入量
石油価格の上昇でそれまでにふえていた中東からの石油輸入量もへって、日本の経済成長率は戦後はじめてマイナスとなり、低成長の時代にはいった。

生活用品をもとめる行列
第一次石油危機で石油を原料とする合成洗剤や石けん、プラスチック製品のほか、木材からつくるトイレットペーパーまでが品不足になって、店先には行列ができた。

石油が高くなると、景気が悪くなるよ

石油の埋蔵量
現在の技術で採掘できる資源の量を正式には確認埋蔵量という。石油の場合には、最近まで採掘のむずかしかった、岩のすきまにはいった石油やシェールオイルの採掘技術の進歩とともに、アメリカやカナダなどの埋蔵量がふえている。

中東では、石油採掘や輸出のほかになにがさかんなの？

3章 石油から新たな産業へ

●世界から集まる観光客

中東でもイラクのメソポタミアやエジプトのナイル川流域には、世界最古の文明（→2巻8ページ）、トルコなどには古代ギリシア・ローマ時代の遺跡がのこり、貴重な観光地となっています。また、サウジアラビアのイスラーム（イスラーム教）の聖地メッカやメディナには、多くの巡礼者が世界各地からおとずれます。

さらに、最近経済発展がいちじるしいのが、アラブ首長国連邦のドバイ首長国です。産油国ではないドバイは、商業や金融業、観光業に力を入れており、最近の年間観光客数は1000万人に達しています。

治安がいいので、ドバイへの観光客が、最近ふえているよ

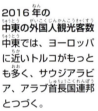

2016年の中東の外国人観光客数
中東では、ヨーロッパに近いトルコがもっとも多く、サウジアラビア、アラブ首長国連邦とつづく。

トルコのイスタンブルにあるアヤ・ソフィア前公園に集まる人々
アヤ・ソフィアは、ビザンツ帝国のキリスト教の大聖堂だったが、のちにオスマン帝国がイスラームのモスクにした。いまでは両方の宗教文化が見られる博物館となっている。

メッカのカーバ神殿を参拝する人々
サウジアラビアの観光客の大半はメッカ巡礼者だが、最近は一般観光客の入国にも力を入れている。

メッカのカーバ神殿
イスラームを開いたムハンマドが、メディナからメッカにうつって異教徒のカーバ神殿をイスラームの聖地にあらため、一生にいちどは巡礼することをすすめた。イスラーム暦の12月、世界各地から約200万人のムスリムがおとずれる（→3巻30ページ）。

歴史的遺跡や保養地での観光がさかんだよ。
最近では、石油化学工業などにも力を入れているよ。

イランの首都テヘランのバザール
交通の便利な大都市には、さまざまな商品を売るバザール（市場）が設けられ、多くの人でにぎわっている。

中東最大の保養地ドバイ
ヨットをつなぎとめるマリーナの周辺には、高層マンションや高級ホテルがたちならぶ。

●新たな産業を目指す国々

　これまで戦争が多かった中東諸国のなかで、紛争などがあまりなく政治が安定しているのは、サウジアラビア、クウェート、カタール、アラブ首長国連邦、バーレーン、オマーンのペルシア湾岸にある6か国です。これらの国々は石油や天然ガスに恵まれ、生活水準も日本と同じくらいです。

　これらの国々では、将来に備えて石油採掘にかわる新産業として、太陽光発電所や原子力発電所の建設を進めています。また、サウジアラビアやアラブ首長国連邦では、これまでのように、とれた石油を輸出するだけでなく、工業地帯を整備して外国から工場を誘致するなど、自分の国での石油化学工業の発展を目指しています。

世界最大の石油化学コンビナート

　サウジアラビアやアラブ首長国連邦は、中東諸国のなかで指導的役割を果たしていますが、どちらも外国人労働者が多いことで知られています。とくにサウジアラビアでは、外国人労働者が多くて若者たちの失業率が高かったため、外国から工場を誘致して働く場所をつくりました。そうして実現したのがサウジアラビアの豊富な石油・資金と日本の化学技術をむすびつけた、世界最大といわれる石油化学コンビナート（→39ページ）です。

写真提供：住友化学

サウジアラビアのラービグに建設された石油化学コンビナート
サウジアラビアの石油会社と日本の石油化学会社が共同で建設した、世界最大規模の石油化学コンビナート。

失業率の高い中東諸国
中東では、上にあげた湾岸6か国をのぞくと、15歳から64歳までの労働年齢人口の約半分が失業しており、2011年の「アラブの春」（→1巻16ページ）も、職がないことに対する不満が原因のひとつといわれている。

3章 石油から新たな産業へ

中東では、石油のほかにどんな資源開発をしているの？

写真提供：トリナ・ソーラー・ジャパン株式会社

アラブ首長国連邦のドバイにある未来型都市
ドバイ中心部から約30kmはなれた場所にできた。住宅やホテルのほかモスク、学校、競技場などがあり、すべての電力を太陽光発電でまかなっているため、「サスティナブル・シティ」(→下)とよばれている。

●太陽のエネルギーを利用した発電

　中東各地で、新たなエネルギー産業のひとつとして進められているのが、太陽光発電や太陽熱発電、風力発電です。中東の砂漠などでは雨が少なく、雲もほとんどないので、太陽光発電に最適です。また、昼と夜の気温の差が大きく、その差をうめるように強い風がふくため（→14ページ）、とくに海岸地帯は風力発電に適しています。
　こうした太陽の光や風などの自然エネルギーを、再生可能エネルギーといいます。再生可能エネルギーは、環境をよごさず、地球温暖化の原因となる二酸化炭素を出すこともありません。そのため石油や石炭にかわるこれからのクリーンエネルギーとして、中東のほか北アフリカ各地でも、発電所が建設されています。

写真提供：イノブレックス

ドバイ近郊グリーン・シティの植物工場
住宅の屋上に設けた太陽光パネルで発電し、砂漠のなかのドーム型のビニールハウスで野菜栽培をおこなっている。

人類の将来を考えたサスティナブル・シティ
地球や自然の環境をたもちながら、資源をつかいきることなく、現状のくらしを将来の世代もつづけていけるしくみをそなえた町を、サスティナブル・シティという。サスティナブルは、英語で「持続可能な」という意味。

44

太陽光や風の強い中東では、それらを利用した発電を進めているよ。
石油にかわる新エネルギーを開発しているんだ。

●石油から太陽光発電や風力発電へ

石油や石炭などのエネルギー資源にはかぎりがありますが、太陽光や風力などのエネルギー資源はつきることがありません。また、石油や石炭のように、環境汚染や地球温暖化の原因にはなりません。そのため、ペルシア湾沿岸のサウジアラビアやアラブ首長国連邦などの産油国は、石油にかわる新たな再生可能エネルギーの開発計画を進めています。

それらの国々では、石油を輸出して得た豊富なお金で、太陽光のあふれる砂漠にメガソーラーを建設しています。メガソーラーとは、出力1MW（1000kW）以上の大規模太陽光発電所で、約300戸以上の家庭の電気をまかなえます。メガソーラーや風力発電所などを次々に建設して、いまから15年後、30年後には、石油にかわる電力を輸出することを目指しているのです。こうした計画には、日本企業も参加しています。

エジプトのザファラーナ風力発電所
カイロから南西220kmはなれたスエズ湾沿岸の砂漠地帯にある、出力120MWの大型風力発電所。約500基の発電施設のうち142基が日本からの経済援助でつくられた。

アラブ首長国連邦の砂漠を利用した太陽光発電所
さえぎるものがない広大な砂漠に、太陽光パネルをならべて発電する。

モロッコの砂漠に建設された太陽熱発電所
曲がった鏡で、鏡の前に取りつけたパイプに太陽光を集めて、パイプ内の液体を加熱し、この熱で水蒸気を発生させ、タービンを回して発電する。

太陽光パネルを掃除するロボット

砂漠では、しばしば強い風がふいて砂が舞いあがり、太陽光パネルが砂まみれになることがあります。すると、発電力が下がってしまううえ、気温40℃をこす砂漠のなかでの巨大発電所のパネル掃除は、人手もお金も大変多くかかります。

そこで、日本の香川大学で開発されたのが、パネルの上を走りまわって、やわらかいブラシで砂やほこりをきれいにする自動掃除ロボットです。

パネルを掃除するロボット（左）を見る中東の人々（下）。

砂漠では貴重な水なしで掃除できて、1人で運べる重さなので、これからの利用が期待されている。

石油の時代はまもなく終わる？

石油にかわるエネルギーがふえたため、世界の石油消費量はまもなくへるといわれている。かつてサウジアラビアの石油大臣は「石器時代は、石がなくなったから終わったのではない」と、石油にかわる新エネルギーの時代がくることを予想した。

アジアとヨーロッパをむすぶ

海の沈埋工法と陸のシールドマシンによる掘削工法
海に巨大な箱型コンクリート（函体）をしずめて海底トンネルをつくり、陸ではシールドマシンを使って地下トンネルを掘りすすむ。

■ 150年の夢のトンネル

　トルコは、ヨーロッパのバルカン半島とアジアのアナトリア半島にまたがる国で、そのあいだにはボスフォラス海峡が横たわっています。ふたつの橋がかけられ、自動車や船で往復していましたが、長年自動車の交通渋滞と環境への影響が問題とされてきました。しかし、海峡は淡水と海水が行き来する海流の難所で、トンネルを通すにも巨額の建築資金と技術が必要となります。そのため、ボスフォラス海峡トンネル開通の計画実現は、「トルコ国民150年の夢」とされてきました。

■ 6年半におよぶ難工事

　そこで協力をもうしでたのが、日本です。日本は、約1500億円の資金を援助するとともに、東京湾アクアラインなどを建設した、トンネル工事の高い技術を提供しました。工事は、海底に箱型コンクリートをしずめてトンネルを築く沈埋工法と、陸部分はシールドマシンを使ったトンネル掘削工法でおこなわれました。そして2004年8月から、じつに6年半という時間をかけて、ボスフォラス海峡トンネルは完成します。
　2013年10月には、ボスフォラス海峡横断鉄道が開通し、ここにトルコ長年の夢が実現しました。

■ 日本とトルコ 友好のあかし

　この工事は、日本とトルコの友好のあかしでもありました。その歴史は明治時代のなかば、1890年の軍艦エルトゥールル号の遭難事故までさかのぼります。
　日本を訪問していたオスマン帝国（いまのトルコ）のエルトゥールル号が、和歌山県沖で遭難、地元の人々がけんめいに救助にあたりました。これをきっかけに、日本とトルコのあいだには友好関係が築かれてきました（→2巻4ページ）。
　この難工事は、そのとき以来の友好の積みかさねがあったからこそ、なしとげられたのでした。

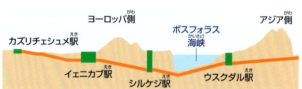

ボスフォラス海峡トンネル（上地図）とトンネル断面図（下図）
トンネルの出入り口に1駅、地下トンネル内に3駅が設けられた。

「海底からの深さは60mで世界一だよ」

海底トンネルの開通式（左）と海峡横断鉄道を走る韓国製車両（右）
アジアとヨーロッパが線路でむすばれたことで、今後人や物を通じた経済発展だけでなく、国際交流のきっかけとしても期待されている。

さくいん

あ
アナトリア半島（小アジア）…10,20,46
亜熱帯…14
アフガニスタン…4,5,8〜12,23
アフリカ大地溝帯…20
アラビア半島…8,9,12,13,16,18〜20,28,29
アラブ首長国連邦…31,34,35,42〜45
イエメン…8〜10,29
イスラーム（イスラーム教）…8,11,31,42
イスラエル…13,18,25,26,27,40,41
イラク…24,28,34,35,42
イラン…9,10,12,13,17,18,20,23,24,28,34,35,40,43
イラン革命…40
エジプト…10,17,22,23,26,27,30,31,40,42,45
エルトゥールル号…46
塩害…27,32
オアシス…12,17,22,23,26,27,29,30
OPEC（石油輸出国機構）…35,41

か
海水淡水化装置…24
カタール…43
かんがい農業…22,26,27
北アフリカ…8〜12,16,18,19,23,28〜30,34,44
キャラバン（隊商）…30
キリスト教…8,26,42
クウェート…9,34,35,43
下水…25
紅海…12,20,29

さ
再生可能エネルギー…44,45
サウジアラビア
　…8,9,14,15,25,27,30,31,34〜36,42,43,45
砂漠…12〜19,22〜24,26,27,30〜32,44,45
砂漠化…15,32
サバクトビバッタ…18
サハラ砂漠…12,14〜16,22,28,29,31,32
産油国…34,35,38,40〜42,45
シェールオイル…40,41
死海…13,20
シリア…12,13,20,24,28,40

石油…9,24,31,34〜41,43〜45
石油化学コンビナート…39,43
石油危機…40,41
石油タンカー…9,34,37〜39

た
太陽光発電…44,45
第四次中東戦争…40,41
多肉植物…16,17
短命植物…16
地下水…17,22,23,27,32
地下水路…23
ティグリス・ユーフラテス川…12
点滴かんがい…27
天然ガス…35,36,37,43
トゥアレグ…28,29
トルコ…8,10,12,13,17,20,24,28,42,46

な
ナイル川…12,22,23,26,42

は
パイプライン…34,35,37
バルカン半島…10,20,46
パレスチナ…40
風力発電…41,44,45
ベドウィン…28,29
ペルシア湾…8,9,24,31,34〜38,41,43,45
ボスフォラス海峡…46

ま
マントル…20,36
ムスリム（イスラーム教徒）…8,11,29,42
ムハンマド…11,42
メッカ…8,31,42
モロッコ…8,23,26,30,45

や・ら・わ
遊牧民…28,29
油田…34,36,37
ヨルダン…15
ヨルダン川…13,20
ラクダ…9,17,19,28〜31
緑地化運動…32
ワジ（枯れ川）…12,15

監修

内藤正典 ないとう まさのり
同志社大学大学院グローバルスタディーズ研究科長・教授。1956年東京都生まれ。1979年東京大学教養学部科学史・科学哲学分科卒業。東京大学大学院理学系研究科地理学専門課程（修士課程）修了。東京大学助手、一橋大学大学院教授などを経て、現在に至る。専門は、現代イスラーム地域研究。著書に『となりのイスラーム—世界の3人に1人がイスラム教徒になる時代』（2016年／ミシマ社）、『イスラームから世界を見る』（2012年／ちくまプリマー新書）など多数。

協力
ペシャワール会

写真協力
出光興産、イノプレックス、イラク大使館、大熊那由紀、川崎汽船、時事通信フォト、住友化学、石油鉱業連盟、ササクラ、大成建設、鳥取大学国際乾燥地研究教育機構・北村義信、トリナ・ソーラー・ジャパン、トルコ共和国大使館・文化広報参事官室、ミツカワ、未来機械、PPS通信社、Dreamstime、JICA、NASA、NOAA、Shutterstock、Spencer Lowell

執筆
原口結・武田佳奈子・戸松大洋（ハユマ）
偕成社編集部

キャラクターイラストレーション
ミヤタジロウ

イラストレーション・地図
ふるやまなつみ
酒井真由美
ハユマ

地図調製（p.12,34）
ジオカタログ
Portions Copyright © 2017 GeoCatalog Inc.

校正・校閲
鷗来堂

組版DTP
ニシ工芸

編集・制作
戸松大洋・原口結・小西麻衣・佐藤朝子・武田佳奈子（ハユマ）

Q&Aで知る中東・イスラーム 4
砂漠と石油と水と都市
中東の地理と産業

発　行／2018年4月　初版1刷

発行者／今村正樹
発行所／偕成社
〒162-8450 東京都新宿区市谷砂土原町3-5
Tel:03-3260-3221［販売］03-3260-3229［編集］
http://www.kaiseisha.co.jp/

装丁・デザイン／岩郷重力＋WONDER WORKZ。
印刷／大日本印刷
製本／東京美術紙工協業組合

48p　29cm　NDC167　ISBN978-4-03-705140-2
©2018, KAISEI-SHA　Published by KAISEI-SHA. Printed in Japan.
乱丁・落丁本はおとりかえいたします。
本のご注文は電話・ファックスまたはEメールでお受けしています。
Tel:03-3260-3221　Fax:03-3260-3222　e-mail:sales@kaiseisha.co.jp

---

おもな参考文献
片平孝『科学のアルバム　砂漠の世界』（あかね書房）／川名英之『世界の環境問題　第9巻　中東・アフリカ』（緑風出版）／川村泉「タンカーの基礎知識」『石油・天然ガスレビュー』50巻4号／国立天文台『理科年表』（丸善出版）／こどもくらぶ『気候帯でみる！自然環境　第2巻　乾燥帯』（少年写真新聞社）／小山茂樹『最新　誰にでもわかる中東』（時事通信社）／坂幸恭『地質学者が見た風景』（築地書館）／長沼毅『驚異の極限生物ファイル—クマムシだけじゃない！過酷な環境を生き抜くタフなやつら』（誠文堂新光社）／21世紀研究会編『新・民族の世界地図』（文春新書）／日本沙漠学会『沙漠の事典』（丸善）／堀信行、菊地俊夫、堀内洋樹、荒見泰史、矢ケ崎典隆、岡秀一『めぐろシティカレッジ叢書7　世界の砂漠—その自然・文化・人間—』（二宮書店）／宮崎正勝『中東とイスラーム世界が一気にわかる本』（日本実業出版社）／宮田律『中央アジア資源戦略』（時事通信社）／オスロ国際平和研究所ウェブサイトほか

世界の気候区分

気候は、植物の分布をもとに、寒帯気候、冷帯気候、温帯気候、乾燥帯気候、熱帯気候の5つに大きく分けられます。さらに1年の気温や降水量の変化から、熱帯雨林気候や熱帯サバナ気候などに分けられます。中東の国々の多くは、一年じゅう雨の少ない乾燥帯気候で、降水量のほとんどない地域は草原や砂漠が広がっています（→12ページ）。

冷帯（亜寒帯）気候

冬の寒さがきびしいが、夏には気温が上がる。一年じゅう葉を落とさないマツなどの針葉樹の森が広がる。

モスクワ（ロシア）

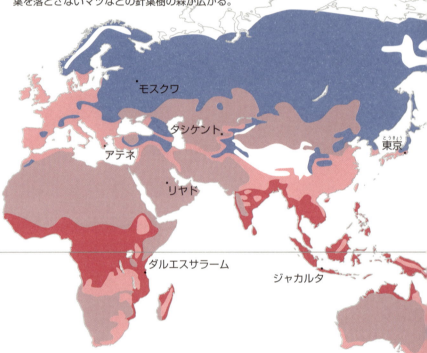

乾燥帯ステップ気候

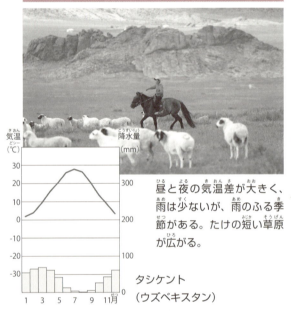

昼と夜の気温差が大きく、雨は少ないが、雨のふる季節がある。たけの短い草原が広がる。

タシケント（ウズベキスタン）

乾燥帯砂漠気候

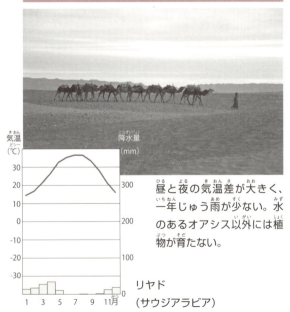

昼と夜の気温差が大きく、一年じゅう雨が少ない。水のあるオアシス以外には植物が育たない。

リヤド（サウジアラビア）

熱帯雨林気候

一年じゅう気温が高く、雨も多い。緑の生いしげるジャングルには、さまざまな種類の動植物が見られる。

ジャカルタ（インドネシア）

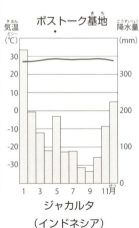

ボストーク基地